Mes histoires d'anniversaire

Ce livre est offert à

ARWEN

par

Papy et Mamy

Mes histoires d'anniversaire

7 histoires pour mes ans

FLEURUS

Direction artistique - Conception de la couverture : Élisabeth Hebert
Conception graphique de l'intérieur : Élisabeth Hebert et Nelly Charraud
Mise en page : Thibaud Lacheray
Photogravure : Penez Édition
Impression : Toppan Leefung (Chine) en décembre 2011
N° d'édition : 12 039 - Code MDS : 651 030
Dépôt légal : mars 2004
ISBN : 978-2-2150-4476-5

Site : www.fleuruseditions.com

Sommaire

Alexis contre le père Noël

« Oh non ! Quelle horreur ! Il y a des guirlandes et des pères Noël dans toutes les vitrines... »

Alexis adore son anniversaire, mais il déteste Noël. Comment un enfant peut-il détester Noël ? C'est que l'anniversaire d'Alexis tombe justement le jour de Noël...

En rentrant chez lui, il trouve sa mère et son grand frère en train de décorer le sapin de Noël. « Ah non, pense-t-il, pas ici, pas chez moi ! On ne me laissera donc jamais tranquille avec ça... »

Comme Alexis donne des coups de pied dans un père Noël en plastique, Igor, son frère, vient voir ce qui se passe.
« J'en ai marre de Noël, dit Alexis, tout le monde ne pense qu'à ça et à cet abruti de père Noël ! »
« Mais c'est aussi ton anniversaire, répond Igor. Tu devrais être content. En plus, c'est toujours toi qui as le plus de cadeaux ! »
« Oui, mais je préférerais que mon anniversaire soit un autre jour, comme toi ! Tu as de la chance d'être né en mai ! »
« Ça ne change pas grand-chose, répond Igor. C'est bien aussi d'être né le 25 décembre ! »

« On échange, alors ? propose Alexis. J'aurai mon anniversaire le 10 mai et toi le 25 décembre ! D'accord ? »

« Non, pas question ! s'exclame aussitôt Igor. C'est nul d'avoir son anniversaire en même temps que Noël ! »

« J'en étais sûr ! répond Alexis. J'étais certain que tu ne serais pas d'accord ! Personne n'aurait envie d'être né un 25 décembre... »

Alexis réfléchit longtemps, comment faire pour avoir un anniversaire normal. C'est alors qu'il a une idée :

« Puisqu'on ne peut pas changer la date de mon anniversaire, je vais faire en sorte que Noël n'existe plus, que tout le monde l'oublie...

"L'opération anti-Noël" va commencer ! »

Pendant les jours qui suivent, il échafaude son plan
et prépare ses accessoires. Le 24 décembre, il est parfaitement
prêt pour commencer son combat anti-Noël.
Toute la famille part chercher Papy et Mamie à la gare.
Alexis dit qu'il préfère attendre à la maison...
« Enfin seul, se dit-il, il ne faut pas perdre de temps ! »
Aussitôt, il retire toutes les guirlandes et les boules de Noël
pour les remplacer par des ballons et des décorations d'anniversaire.

À la place de la banderole « Joyeux Noël ! » il en accroche une où l'on peut lire : « Joyeux anniversaire, Alexis ! » Partout où il y a écrit le mot « Noël », il l'efface et marque à la place « Anniversaire d'Alexis ». Ainsi, par exemple, sur les journaux et magazines, on peut lire :

« Numéro spécial anniversaire d'Alexis »

ou bien

« Joyeux anniversaire d'Alexis à tous ! »

Il se rend ensuite dans la cuisine. Il donne la dinde de Noël au chien et met une pizza au four. Il retire le père Noël en plastique de la bûche de Noël, et met sept bougies à la place. Alexis entend alors la clef dans la serrure de la porte d'entrée.

« Nous sommes là ! » s'écrie toute la famille en revenant de la gare.
Alexis court les accueillir.
« Bonjour, mon petit, dit Mamie, je suis bien contente de passer Noël avec vous ! »
« Mais ce n'est pas Noël, Mamie ! dit Alexis. Demain, c'est mon anniversaire ! »
« Allons, répond Papy, ne dis pas de bêtises ! C'est vrai que c'est ton anniversaire demain, mais c'est surtout Noël ! »
« Non, ce n'est pas Noël que nous fêtons, insiste Alexis. Regarde ! »
Et il désigne le salon plein de décorations d'anniversaire.

Toute la famille passe donc la veille et le jour de Noël dans une ambiance d'anniversaire. Voyant à quel point Alexis y tient, ils font comme si de rien n'était et ne parlent pas de Noël. Le 25 décembre, ils fêtent seulement l'anniversaire d'Alexis... Mais ils n'ont pas envie de vivre un Noël pareil chaque année ! Dès le lendemain, les parents d'Alexis cherchent une solution.

Ils trouvent alors l'adresse d'un club de gens mécontents de leur date d'anniversaire. Ils emmènent Alexis à l'une des réunions.
Alexis s'assoit avec les autres. Chacun à son tour raconte ce qui lui déplaît dans sa date d'anniversaire.
L'un est né au mois d'août, au moment où tout le monde est en vacances : on oublie donc toujours de lui souhaiter son anniversaire et il ne peut jamais le fêter avec ses amis.
Un autre est né un 29 février, il n'a son anniversaire que tous les quatre ans, et c'est long, quatre ans !
Alors, quand Alexis dit qu'il est né un 25 décembre, beaucoup l'envient.
« Toi, au moins, lui dit l'un d'entre eux, ton anniversaire est une grande fête. Il y a toute ta famille. Et après tu peux même refaire une fête avec tes amis... »

« Moi, dit un autre, mon anniversaire est au début du mois de septembre, au moment de la rentrée des classes. Personne n'y pense et on n'a jamais le temps de faire une vraie fête. Alors, c'est un jour comme les autres...
Et il n'y a rien de plus triste que ça. Toi, au moins, ton anniversaire, c'est le jour le plus spécial de l'année, **le plus gai**.
Et quand aimerais-tu qu'il soit, ton anniversaire ? »
« Je ne sais pas, répond-il, je n'y ai jamais réfléchi... »
« Tu sais, reprend un autre, quand on a une date d'anniversaire ordinaire, on ne sait jamais quel jour de la semaine ça va tomber. Et quand c'est un lundi d'école, un lundi comme les autres, ce n'est pas drôle !
Toi, au moins, le jour de ton anniversaire, il n'y a jamais école, personne ne travaille... »
Alexis rentre de la réunion sans savoir s'il est vraiment convaincu.

Les mois passent et, un samedi du mois de juin, il a une drôle de surprise en rentrant chez lui. Il y a des décorations d'anniversaire, un gâteau avec des bougies, tous ses amis sont là et crient en le voyant :

« Joyeux anniversaire ! »

Comme il est très étonné, sa mère lui explique :
« Tu étais tellement en colère d'avoir ton anniversaire le jour de Noël, que nous avons décidé de le fêter une seconde fois, à un autre moment de l'année. Une fête rien que pour toi ! »
« Alors, j'aurai deux anniversaires maintenant ? Un tous les six mois ! » s'exclame Alexis.
« Oui, répond sa mère, mais à condition que tu ne nous empêches plus de fêter Noël ! »
« C'est promis ! répond Alexis. Je n'ai plus de raison d'être en colère, j'ai deux anniversaires maintenant, un anniversaire d'été et un anniversaire d'hiver ! Je crois bien que je suis le plus chanceux du monde... »

Victor fait son cirque

Il était une fois un papa et une maman qui aimaient très fort leur jeune garçon. C'est normal un papa et une maman qui aiment leur enfant, me direz-vous. Mais ce papa et cette maman voulaient offrir à leur garçon le plus bel anniversaire qui soit.
Victor allait avoir 7 ans et ils imaginaient ce qui pourrait lui faire plaisir : un voyage dans une fusée avec ses copains de classe, une mini-Ferrari électrique fluo à conduire sur un circuit privé, un chien tout doux qui parlerait et qui raconterait de drôles d'histoires, un robot obéissant qui rangerait sa chambre à sa place... Tout à coup, il leur vint une drôle d'idée. « Et si nous lui offrions des billets pour assister au spectacle du cirque universel ? Il pourrait y aller avec son cousin Paul. » Aussitôt dit, aussitôt fait, deux réservations sur Internet et voilà deux billets pour un après-midi de fête.

Or, ni Victor ni Paul n'avaient entendu parler de ce cirque et même si les deux cousins étaient heureux de passer un moment ensemble, ils jugeaient cependant que le cadeau n'était pas à la hauteur de leurs espérances.
« Moi, j'aurais préféré un bateau téléguidé supersonique qui nous aurait emmenés en voyage dans les îles », dit Victor.
« Oui, répond Paul, ou une navette spatiale à hélices pour visiter les galaxies... »
Arrivés devant le chapiteau, leur surprise fut immense : Monsieur Loyal les attendait personnellement sur un tapis roulant de velours rouge, une valise dans chaque main, sur lesquelles les prénoms des enfants brillaient en lettres de feu. Les stars, c'étaient eux !

« Il doit y avoir une erreur », dit Victor.
« C'est une blague ! » dit Paul.
Mais non. Monsieur Loyal les conduisit directement sur la piste
et les présenta au public.
« Chers amis, bonsoir ! Voici Victor, qui fête son septième anniversaire
aujourd'hui, et Paul, son cousin.
Ils seront les héros de notre spectacle.
Applaudissez-les très fort ! »

Et sous les clameurs, Victor et Paul, abasourdis, virent arriver les clowns.
Ceux-ci les entourèrent, ouvrirent leurs valises, en sortirent des nez
rouges clignotants, des perruques orange et violette qu'ils leur enfilèrent
à la vitesse de la lumière, puis disparurent aussi vite qu'ils étaient
venus. Le public était hilare. Les deux cousins l'étaient moins
et se demandaient quel sort leur était réservé.

Soudain, deux filins descendirent doucement du plafond tendu de bleu et blanc. Sur chacun d'eux évoluait une jeune fille, longue et souple comme une liane. Elles s'enroulaient dans leurs drapés ou se suspendaient dans le vide par le petit bout du doigt ou à la force de leurs orteils. Victor et Paul n'eurent pas le temps de dire **ouf**. Les jeunes filles accrochèrent un mousqueton à la ceinture de leur pantalon et voici deux jeunes garçons hissés jusqu'au plafond dans la lumière des projecteurs.

« AHHHH »

« AHHHH »

« AHHHH »

Là-haut commençait un spectacle hallucinant.

Les trapézistes habillés en anges accueillirent les enfants et leur accrochèrent deux petites ailes dans le dos. Puis, vérifiant leurs fixations, ils s'élancèrent avec eux dans le vide. On fit faire une galipette à Victor à vingt-cinq mètres du sol et il s'entendit crier : « AHHHHH ! » Pendant ce temps, Paul était suspendu par les pieds, renvoyé d'un trapéziste à l'autre, et l'instant lui parut beaucoup trop long à son goût. Comme Victor, il s'entendit crier : « AHHHHH ! » Quelques secondes plus tard, chacun reprenait son souffle sur une nacelle haut perchée, mais stable !

« Tu vas bien, Paul ? »
« Oui et toi, Victor ? »
« Je crois que mes parents y sont allés un peu fort ! »
Pas le temps de continuer leur conversation. La nacelle redescendait, lentement mais sûrement, vers la piste. En bas, des Indiens montés sur leurs chevaux, des Palominos lancés au galop, hurlaient un cri de guerre et faisaient cercle autour d'un cow-boy attaché à un poteau. Lorsque les enfants arrivèrent à portée des Peaux-Rouges, ceux-ci les attrapèrent et les emportèrent sur leur monture. Avec une grande dextérité, chacun lança une flèche vers la cible vivante, nullement gênés par Victor et Paul qui se cramponnaient, comme ils le pouvaient, à la crinière des chevaux.

Les flèches se fichèrent dans le bois
sans égratigner leur « prisonnier »,
mais l'une d'elles vint adroitement
se planter dans la corde qui le
retenait au poteau.
Le cow-boy put alors
dégainer son revolver
et il tira en direction
des Indiens – et donc
des garçons qui entendirent
siffler les balles près de leurs oreilles...
Relevant la tête, ils virent que le cow-boy avait
lui aussi visé juste. Plus aucun Indien n'avait de plume sur la tête !

Le public était ravi.
Il applaudissait à tout rompre.

Croyant qu'un moment de répit leur était enfin accordé, Victor et Paul sautèrent à terre et voulurent s'enfuir vers les gradins. Peine perdue ! Alors que cow-boy et Indiens rentraient en coulisses, un splendide éléphant les rattrapa et de sa trompe leur fit signe qu'ils avaient pris la mauvaise direction.
Pendant ce temps, les employés du cirque installaient de hautes cages pour préserver le public de fauves redoutables.
Comme Victor et Paul s'y attendaient, ils se retrouvèrent enfermés à l'intérieur. Heureusement, ils furent vite rejoints par le dompteur... qui fit une entrée spectaculaire dans son costume de gladiateur.

« Êtes-vous sûr, monsieur, dit Victor, que cela n'est pas dangereux pour nous ? »
« Restez derrière moi, petits, lui répondit l'homme bourru.

J'appelle les félins ! »

Mais, à la stupéfaction générale, ce furent une dizaine de chats tigrés qui vinrent s'installer sur les tabourets... Le magicien du cirque arriva alors sur la piste et s'écria qu'il était désolé : il avait transformé les lions en chats mais il pouvait, à l'aide d'une nouvelle formule, de nouveau transformer les chats en panthères ou en quoi que ce soit d'autre...

On jeta alors un immense voile sur les cages, le magicien prononça la formule magique et, lorsqu'on remonta le tissu, de superbes tigres se tenaient debout sur leur tabouret, et Victor et Paul avaient disparu. Ils avaient bien mérité de déguster une grosse part de gâteau d'anniversaire, confortablement installés dans une loge d'où ils ne bougeraient plus jusqu'à la fin du spectacle. On vous le promet.

Bon anniversaire, Victor !

Les 7 familles

« Je suis grand maintenant, se dit Nino,

je ne crois plus aux fantômes ! »

Et il ouvre la trappe du grenier...

Parmi les vieux habits, les outils rouillés, les meubles cassés, il découvre une grande malle sur laquelle est inscrit : NE PAS OUVRIR. Nino hésite un instant, se dit : « Personne ne le saura... » et il ouvre la malle.
À l'intérieur, une valise porte l'inscription : SURTOUT NE PAS OUVRIR. Nino hésite un instant, se dit : « Personne ne le saura... » et il ouvre la valise.

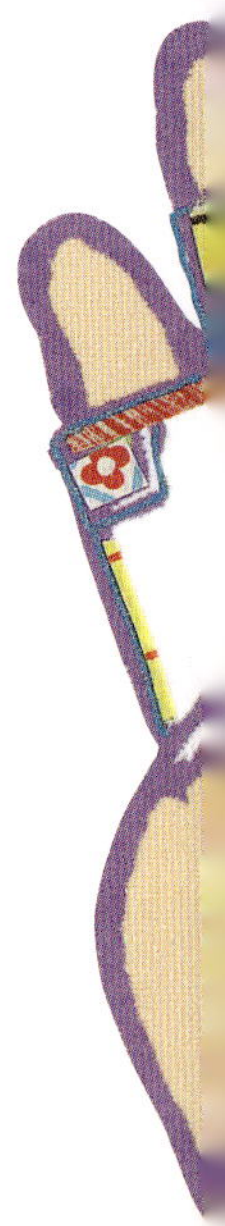

Il trouve alors une boîte sur laquelle est écrit : SURTOUT SURTOUT NE PAS OUVRIR. Nino hésite un instant, se dit : « Personne ne le saura... » et il ouvre la boîte.
À l'intérieur, il trouve des jeux de cartes et, plus précisément, des jeux des 7 familles.

Les 7 familles des nains joufflus, les 7 familles des cuillères tordues, les 7 familles des patates crues... Parmi les différents jeux, Nino, comme il est très courageux, choisit de découvrir d'abord les 7 familles des cauchemars. Il passe en revue la famille des vampires, la famille des ogres, la famille des fantômes...

Quelque chose lui paraît étrange. D'habitude, dans le jeu des 7 familles, une famille est composée d'un grand-père, une grand-mère, un père, une mère, un fils et une fille. Mais chez les sorcières, il ne trouve que des femmes, ni père, ni fils, ni grand-père. Et chez les revenants, il y a huit grands-pères et cinq grands-mères. Il essaie alors un autre jeu, les 7 familles à manger, et, là aussi, les familles sont inhabituelles : il n'y a que deux personnes dans la famille cuisses de poulet et au moins cinquante dans la famille petits pois...

Tout à coup, son cœur bat plus fort,

il vient de découvrir la fille de la famille chocolat. Elle est si belle avec ses yeux chocolat, sa peau chocolat, ses cheveux chocolat, que Nino s'écrie : « Si seulement j'avais une amie comme elle avec qui jouer... ! » À peine a-t-il achevé cette phrase que la carte commence à s'agiter dans sa main. Le grenier s'illumine des sept couleurs de l'arc-en-ciel et, soudain, la fille chocolat apparaît devant lui, mignonne à croquer.

« Bonjour, je m'appelle Chocolina ! »
« Et moi Nino ! J'habite dans cette maison avec ma maman. »
« Merci de nous avoir sortis de là, dit Chocolina, nous commencions à sentir le moisi ! »
« Mais pourquoi étiez-vous enfermés là-dedans ? » demande Nino.
« Nous avons été exclus par les fabricants de jeux des 7 familles, car nous ne sommes pas des familles comme ils veulent, explique Chocolina. Ils ne prennent que celles qui ont deux grands-parents, deux parents et deux enfants. »

« Jouons tous les deux ! » propose Nino.
Les deux enfants distribuent les cartes. Ils s'en donnent au moins trente chacun.
« Nous allons jouer au jeu des 77 familles ! »
« Pour commencer, dit Nino, dans la famille pirates, je voudrais le père. »
« Tiens ! » dit Chocolina en lui tendant la carte.
Elle la tient du bout des doigts, car le pirate essaie de lui donner des coups de pied avec sa jambe de bois.
« Merci ! dit Nino. J'ai toujours rêvé d'avoir un père pirate.

Maintenant, dans la famille grands méchants loups, je voudrais le fils : ça peut servir, un frère costaud ! »

« J'l'ai pas, pioche ! » répond Chocolina.

« Mauvaise pioche ! annonce Nino. À ton tour ! »

La carte que Nino vient de piocher s'agite alors dans sa main :

« Comment ça, mauvaise pioche ? ! ?

Me piocher, moi, grand-mère sorcière, c'est la meilleure pioche qui soit ! Attention, jeune homme, un peu de respect, toi aussi, tu seras grand-père un jour ! »

« Fais attention, lui explique Chocolina, les sorcières sont très susceptibles ! Et surtout ne la range pas à côté d'une autre grand-mère sorcière, elles ne se supportent pas... »

« Tu as raison, je vais la ranger ailleurs ! répond Nino tandis que les cartes s'agitent et se disputent dans sa main. Cela va être plus difficile que prévu de me fabriquer une famille, si tout le monde ne peut pas s'entendre avec tout le monde. »

« Tu as besoin d'une famille ? demande Chocolina. J'ai une solution plus simple à te proposer. Prends ces cartes blanches et invente la famille que tu veux. Mais attention, tu l'auras pour de vrai, alors réfléchis bien. Tu veux vraiment un père pirate et un frère grand méchant loup chez toi ? Ils ne sont pas très tendres, tu sais... »

Nino réfléchit. Qui aimerait-il avoir dans sa famille ?
« Ma maman, bien sûr ! Et puis mon oncle préféré, ma grande cousine, mon petit cousin. Et puis la vieille voisine qui est si drôle et si gentille, elle serait une grand-mère adorable. Et la boulangère qui me donne des bonbons, je la voudrais bien aussi dans ma famille ! Et la fille de la boulangère qui mange les bonbons avec moi, en regardant les nuages, c'est déjà un peu comme si elle était ma sœur... Et le vieux pêcheur qui m'apprend à faire des ricochets et me raconte sa vie quand il était enfant, lui aussi, je voudrais bien le piocher ! Et les Tsiganes qui jouent du violon et dansent avec moi. Oui, je les prends tous dans ma famille ! Je vais l'appeler **"la famille des plus beaux moments"** ! »

Nino ouvre les yeux. Il est dans son lit. A-t-il rêvé tout ce qui vient d'arriver ? Il s'approche de la fenêtre et voit un magnifique arc-en-ciel. Il a une pensée pour son amie, Chocolina. Tout à coup, son visage s'illumine.
« Oh, mais c'est vrai, c'est mon anniversaire, aujourd'hui ! »
Il descend rapidement l'escalier pour aller embrasser sa mère.
Lorsqu'il arrive en bas, il voit son oncle préféré, sa grande cousine, son petit cousin, la vieille voisine, la boulangère, la fille de la boulangère, le vieux pêcheur et ses amis tsiganes qui lui souhaitent tous un joyeux anniversaire et se mettent à chanter pour lui au rythme des violons.
Sur la table, son petit déjeuner l'attend, une immense tartine avec sept bougies dessus. Et comme tout le monde vient l'embrasser, il se dit :

« C'est vraiment un bel anniversaire !
Et surtout j'ai la meilleure des familles ! »

Ça y est : j'ai l'âge de raison !

« 7 ans, mais c'est fou !

Saperlipopette, demain, c'est la fête :

j'ai l'âge de raison ! »

Rien que d'y penser, les yeux de Marion, ronds comme des ballons, se remplissent d'étoiles qui brillent dans la nuit. Elle se retourne dans son lit. Comment s'endormir tranquillement avant un si grand événement ? Depuis tant d'années qu'elle en entend parler, de cet anniversaire spectaculaire ! Cette histoire d'âge de raison plonge toujours Marion dans de vastes réflexions. Qu'est-ce que ça veut dire, au fond, avoir l'âge de raison ? Est-ce une chance inespérée ou un cadeau empoisonné ?
Voilà l'inconvénient d'être l'aînée. Aucun moyen de vérifier les dégâts que cet âge-là aurait pu faire sur une grande sœur ou un grand frère...

« La question, c'est ce qu'il va me faire, ce fameux anniversaire... Est-ce que je vais me transformer en une seule journée ? Qui sait ? Si ça se trouve, je vais devenir raisonnable, me tenir bien à table, rester sage tout le temps, parler comme les grands, avaler des livres sérieux et m'abonner à des journaux ennuyeux... Je vais aller à l'Opéra comme Bonne-Maman et Bon-Papa et écouter le ministre de l'Éducation parler à la télévision. Et si je me mettais même à aimer les vaccins ? Le médecin dit qu'ils ne font rien. Il assure qu'une personne raisonnable et mûre ne sent même pas la piqûre... »

Et voilà Marion partie dans un tableau peu rigolo de ce qui l'attend au tournant. Quand elle aura soufflé ses sept bougies, elle entrera dans une nouvelle vie. D'un coup de baguette magique, elle se mettra à discuter politique et musique classique avec son papa enchanté et sa maman époustouflée...

Finis les rondes et les chansons,

les poupées et les oursons,

les roudoudous et les caramels mous.

Adieu la corde à sauter et les marelles – Marion y excelle et atteint le ciel avant ses copines Marine, Blandine et Isabelle...

Finis les jeux échevelés dans la petite cour de récré. Marion restera sagement avec les vieux frileux du CM2, qui n'aiment plus sauter dans les flaques d'eau et se mettent sous le préau, bien à l'abri de la pluie, comme des poules mouillées transies... Ces grands l'ont beaucoup fait rire, mais le pire, c'est qu'elle va peut-être devenir aussi bête ?
« Oh non, pitié ! gémit Marion en bâillant. Ce ne serait pas amusant. Dans ce cas, merci bien,

je préfère rester sur mes six ans ! »

Heureusement, Marion a beaucoup d'imagination. Pour oublier ce tableau noir, elle se lance aussitôt dans une autre histoire. Ces rêves de malheur, où elle deviendrait sage à faire peur, sont tristes et vraiment peu réalistes. En réfléchissant à fond, il y a une bien meilleure façon d'envisager l'âge de raison !
Mais oui, cette fois c'est la bonne version, Marion en est convaincue !
Demain matin, c'est certain, elle se réveillera dans un monde où elle pourra enfin faire la loi, comme un roi.
Les gens s'inclineront respectueusement en murmurant :
« La vérité sort de la bouche des enfants. » Cette jolie phrase est un proverbe en or, avec lequel Marion a toujours été d'accord !

« Papa, j'ai bien réfléchi, dira-t-elle d'abord en sautant du lit. Il faut installer, sans perdre de temps, un écran de télévision géant sur le mur du salon. Dans cette maison, on manque d'un cinéma, tu ne trouves pas ? »

« Mais si, ma chérie, **tu as bien raison.**

C'est une idée de génie. Voilà l'avantage d'avoir l'âge des idées sages. Heureusement que tu es là, qu'est-ce qu'on ferait sans toi ?

Bon anniversaire, Marion ! »

Puis Marion continuera sa mission, sa mission d'imposer la raison à toute la maison.

« Maman, ce soir, pas de soupe au potiron, ce n'est vraiment pas bon, et surtout pas de poisson. Ne me parle pas de petits pois, c'est désastreux pour l'estomac. Plutôt des pâtes au jambon et de la crème de marrons, c'est meilleur pour la digestion, surtout si on commence par une salade de bonbons. »

« Évidemment, Marion, **tu as parfaitement raison !**

Maintenant, c'est décidé, tu me diras chaque soir ce que tu veux pour le dîner : c'est toi qui sais le mieux ce qui est bon pour la santé.

Quel soulagement pour une maman d'avoir une grande fille de 7 ans ! »

Quant aux petits frères qui ne savent rien faire de plus intelligent que de se disputer à longueur de temps, ils vont enfin trouver à qui parler. Du haut de son autorité, Marion pourra les calmer sans même avoir à crier. « Assez, Timothée ! Colas, ça suffit comme ça ! » dira-t-elle tout bas en les regardant dans le blanc des yeux. « Vous n'êtes pas sérieux. Arrêtez de vous titiller et de pleurnicher, allez jouer chacun de votre côté ! » Et les deux garçons fileront devant Marion comme deux petits moutons devant un lion...

Reste la maîtresse. Comment être sûre que madame Citron se rendra bien compte de la situation ? Va-t-elle comprendre que la grande Marion a l'âge de raison ? A-t-elle vraiment le don d'observation ? Mais oui, quelle question ! Marion vérifiera sa réaction au prochain contrôle d'additions. « Un et un font trois, deux et deux font six », écrira Marion sans hésitation. « Dix sur dix, et bravo, Marion, pour ces additions ! inscrira la maîtresse au crayon. Tes calculs sont bons, tu as vraiment l'âge de raison, toutes mes félicitations.

Tu n'as plus besoin de leçons,

tu peux rentrer à la maison ! »

Mais soudain, la porte s'ouvre doucement, Maman vient voir si tout va bien et lui faire un petit câlin...
Alors, Marion pose enfin la question qui la tracasse :

« Maman, qu'est-ce qui se passe quand on atteint l'âge de raison ? »

Maman sourit. « Ne t'inquiète pas, ma Marion, on ne change pas du jour au lendemain. Mais tu n'es plus un bébé. Quand on a 7 ans, on a vraiment le droit d'être traité comme un grand. On devient plus raisonnable, plus responsable, et plus serviable aussi... »
« Alors, c'est quand le vrai âge de raison où l'on devient grand comme une maman ? »
« Tu sais, ma chérie, même quand on est vieille comme moi, ou encore plus vieille comme Bonne-Maman, il faut toujours garder un petit grain de folie dans un coin de son esprit. Si on avait tout le temps raison, la vie serait d'un ennui... »

Noire-Ébène et les sept géants

Il était une fois, dans un village d'Afrique, la femme du chef de la tribu qui attendait un enfant. « J'aimerais tant avoir une fille à la peau noire comme le jais, aux yeux noirs comme l'encre et aux cheveux noirs comme l'ébène. »
Peu de temps après, la femme donna naissance à une petite fille dont la peau, les yeux et les cheveux étaient noirs comme l'ébène. Elle eut juste le temps de l'appeler Noire-Ébène et mourut.
Noire-Ébène grandit et devint la plus belle jeune fille du village. Elle était si douce et si bonne que tous les gens de la tribu et tous les animaux de la savane l'adoraient.

Peu après la mort de sa première épouse, alors que Noire-Ébène n'était qu'une enfant, le chef de la tribu se remaria avec une femme très belle, très orgueilleuse et très méchante. Elle ne pouvait supporter qu'une autre femme fût plus belle qu'elle. Chaque jour, elle se rendait sur les bords du fleuve magique, se mirait dans l'eau et demandait : « Fleuve, ô mon beau fleuve, dis-moi quelle est la plus belle femme de la tribu. » Et le fleuve répondait :

« C'est toi la plus belle femme. »

Mais un beau jour, alors que la femme demandait une fois de plus au fleuve qui était la plus belle femme de la tribu, il répondit : « Tu es très belle en vérité, mais Noire-Ébène l'est encore davantage. » À ces mots, la femme devint pâle de jalousie.

Elle fit appeler son serviteur et lui dit : « Emmène Noire-Ébène dans la savane et tue-la. Qu'elle disparaisse à tout jamais. Tu me rapporteras son cœur dans cette boîte en ébène. »
Le serviteur conduisit Noire-Ébène terrorisée dans la savane, au pied d'un baobab géant. Mais quand il sortit son couteau, Noire-Ébène se jeta à ses pieds : « Épargnez-moi, je vous en supplie ! Laissez-moi me sauver dans la savane, je jure de ne plus jamais revenir par ici. »
Noire-Ébène était si jeune et si belle que le serviteur eut pitié d'elle : « Sauve-toi dans la savane, belle enfant. » Et il tua un phacochère et rapporta son cœur à la méchante femme.

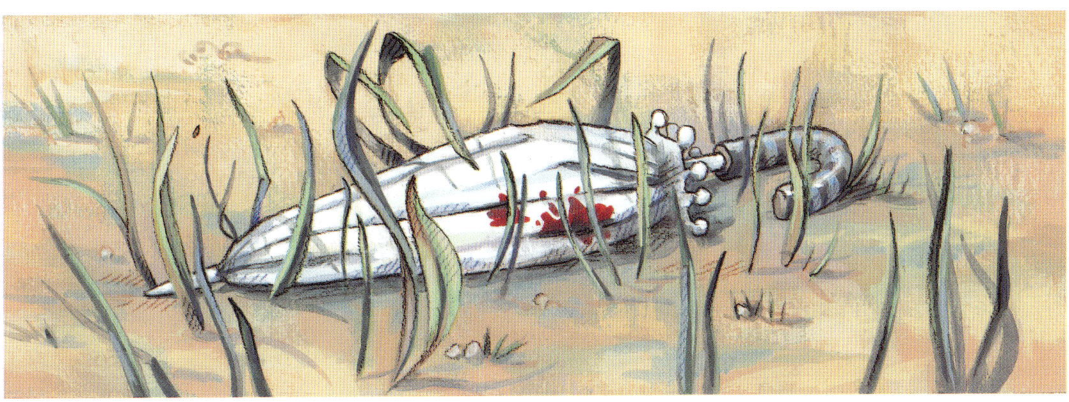

Seule dans la savane,
terrifiée par les ombres
menaçantes et les cris des animaux,
Noire-Ébène courut dans les hautes herbes et les buissons, jusqu'à ce que la nuit voilât la savane entière. Épuisée, elle s'effondra sur le sol en pleurant. C'est alors qu'elle aperçut à travers ses larmes une énorme cabane cachée dans les branches d'**un baobab géant**.

Elle grimpa dans le baobab et entra dans la cabane. Sur chacune des sept branches du baobab se tenaient sept énormes lits. Au milieu de l'arbre, une table gigantesque était dressée, avec une coupe grande comme une feuille de bananier contenant des fruits exotiques et une outre grosse comme un hippopotame. Comme elle avait faim et soif, Noire-Ébène mangea quelques fruits et but quelques gorgées d'eau dans l'outre qu'elle souleva à grand-peine. Puis, à bout de forces, elle s'allongea sur l'un des énormes lits et s'endormit.

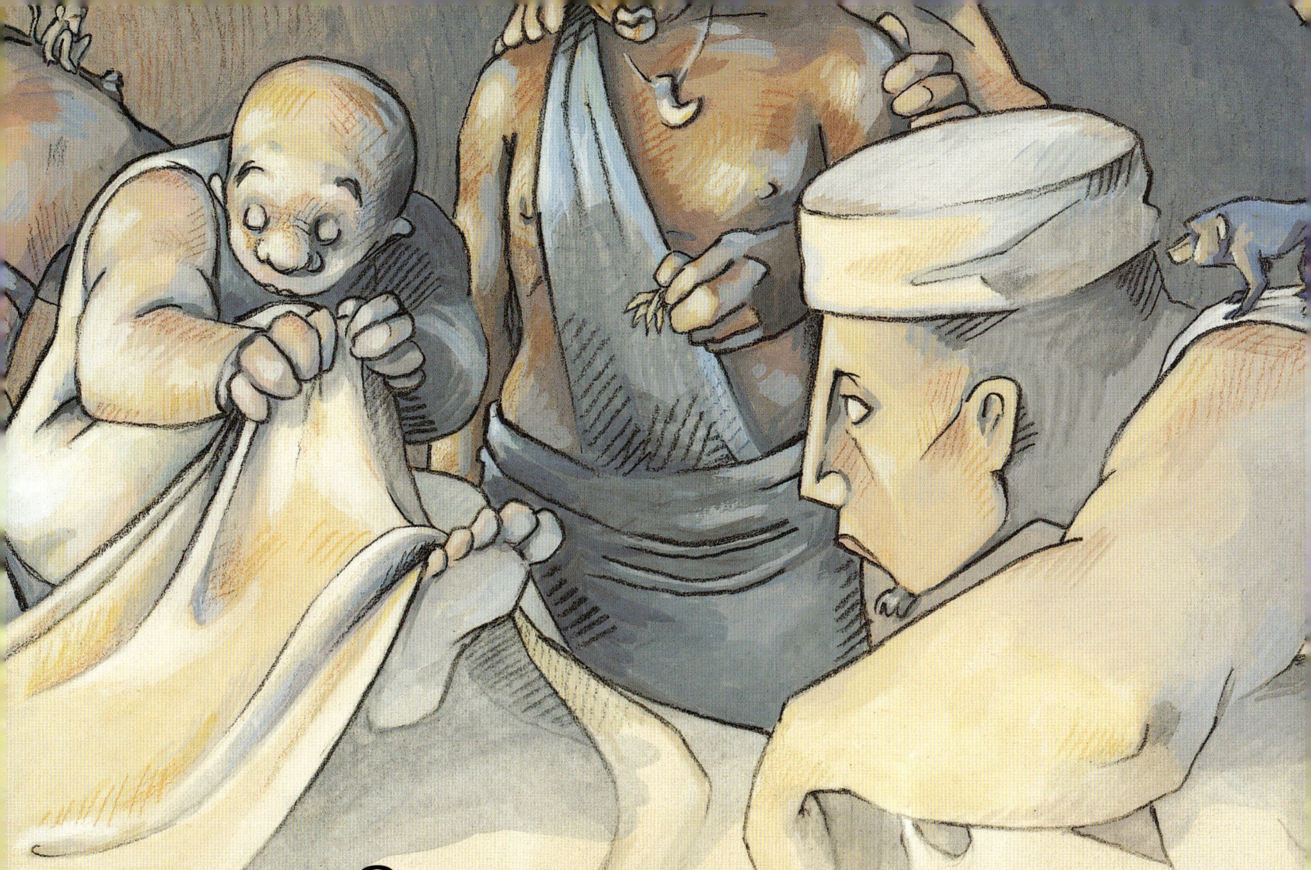

Quelques instants plus tard, les sept immenses propriétaires de la cabane du baobab grimpèrent dans leur arbre. Il s'agissait de sept géants qui travaillaient toute la journée dans une mine de diamants. Ils s'aperçurent tout de suite que quelqu'un avait grimpé chez eux en leur absence.

« Qui a mangé la banane que je m'étais gardée pour mon dessert ? »

« Qui a bu dans notre outre et renversé de l'eau ? »

Le septième géant poussa un énorme cri qu'on entendit dans toute la savane : il avait failli écraser Noire-Ébène endormie sur son lit en voulant se coucher. Il appela les autres géants et tous la regardèrent avec admiration.

« Comme elle est petite ! Et comme elle est belle ! » dirent-ils, et ils décidèrent de la laisser dormir.

Au matin, lorsqu'elle se réveilla, Noire-Ébène poussa un cri de frayeur en découvrant les sept géants penchés sur elle. Mais ils lui sourirent si gentiment qu'elle n'eut plus peur.
« Je m'appelle Noire-Ébène », leur dit-elle.
Et elle leur raconta toute son histoire.
« Reste avec nous, lui offrirent les sept géants. Tu pourrais nous faire à manger, t'occuper de notre cabane, avec l'aide des babouins qui vivent dans notre baobab. En échange, nous te protégerons. »
Ainsi, tous les soirs, en rentrant de la mine, les sept géants trouvaient leur baobab propre et leur repas servi.

Noire-Ébène passait ses journées toute seule, aussi les géants lui avaient-ils dit de se montrer très prudente. « Ta méchante belle-mère pourrait découvrir où tu te caches. Ne laisse jamais personne s'approcher de notre baobab », lui recommandèrent-ils.
Au même instant, la méchante femme était en train de consulter le fleuve magique.
« Fleuve, ô mon beau fleuve, dis-moi quelle est la plus belle femme de la tribu ? » Et le fleuve magique répondit : « Tu es très belle, en vérité, mais loin d'ici, dans un baobab géant, Noire-Ébène l'est encore davantage ! »
La méchante femme tremblait de rage, Noire-Ébène était vivante.
Le fleuve ne mentait jamais.

Toute la journée, elle chercha un moyen de se débarrasser de Noire-Ébène.
Elle prépara une banane empoisonnée, dont une moitié était noire
et l'autre moitié d'un jaune magnifique et luisant. Puis elle se déguisa
en mendiante et s'en alla vers le baobab des sept géants.
Quand elle arriva au pied de l'arbre, elle appela. Noire-Ébène se montra
à une fenêtre : « Je ne dois laisser monter personne ! » dit-elle.
« Mais je veux simplement vous vendre quelques bananes !
répliqua la mendiante. Regardez comme elles sont belles ! »
Noire-Ébène, curieuse, descendit du baobab.
« Tenez, goûtez celle-ci ! » La mendiante lui tendit la banane
empoisonnée. Mais Noire-Ébène refusa tout net.

« Avez-vous peur que je vous empoisonne ? demanda en riant la mendiante. Je vais couper la banane en deux. Prenez la moitié jaune et je prendrai la noire. »
La banane paraissait si délicieuse que Noire-Ébène ne résista pas à la tentation.

Hélas ! Aussitôt qu'elle la croqua, elle tomba sans vie sur le sol.

Ce soir-là, quand les sept géants revinrent chez eux en chantant, ils trouvèrent Noire-Ébène étendue à terre au pied du baobab, pâle et immobile. Ils essayèrent de la ranimer. En vain. Noire-Ébène était morte.
De retour chez elle, la méchante belle-mère se regarda dans le fleuve magique et le questionna de nouveau : « Fleuve, ô mon beau fleuve, dis-moi quelle est la plus belle de toutes les femmes de la tribu ? »
« Tu es la plus belle d'entre toutes les femmes », répondit le fleuve.
La méchante femme était au comble du bonheur.

Les sept géants pleurèrent Noire-Ébène pendant trois jours. Elle paraissait encore si vivante, que l'idée de l'ensevelir dans le sable chaud leur parut insupportable. Ils fabriquèrent un magnifique cercueil en ébène avec un couvercle en diamant sur lequel ils gravèrent le nom de Noire-Ébène. Très longtemps elle reposa dans son cercueil ouvert aux vents de la savane ; pourtant, sa beauté ne s'altérait pas.

Un beau jour, le fils du chef de la plus grande tribu d'Afrique, qui se promenait à dos d'éléphant, passa par là. Quand il vit Noire-Ébène, il la trouva si belle qu'il tomba fou amoureux d'elle. Ayant pitié de lui, les sept géants acceptèrent qu'il emmenât Noire-Ébène avec lui. Le jeune homme ordonna alors qu'on la transportât dans son cercueil jusqu'à chez lui. Mais en chemin, l'éléphant trébucha et le morceau de banane empoisonnée s'échappa de la gorge de Noire-Ébène.

Elle ouvrit de grands yeux étonnés et découvrit un beau jeune homme qui la regardait en souriant.

« Où suis-je ? » demanda-t-elle.
« Vous êtes avec moi et je désire vous épouser et vous garder pour toujours », lui répondit-il.
Et Noire-Ébène accepta de l'épouser.
Le mariage fut célébré dans la plus grande joie.
Bien sûr, les sept géants, tous les animaux et les oiseaux traversèrent la savane pour assister à la fête. La méchante belle-mère s'enfuit en courant, et on ne la revit jamais.

Quant à Noire-Ébène et à son mari, ils vécurent très heureux, entourés de leurs amis, dans la plus belle savane du monde.

Les 7 ans d'Aigle Saisissant

Au village indien, dès la tombée du jour, toutes les familles sont sorties de leur tipi. Les squaws ont mis leur robe de fête, brodées de perles et de fleurs. Les hommes se sont enduit le corps de peinture jaune, couleur du bonheur. Du four s'échappe une délicieuse odeur de pemmican – du bison séché aux airelles mijoté dans sa graisse. Tout semble prêt pour célébrer un grand événement.
On n'attend plus que Loup Gris, le chef du village, pour ouvrir la cérémonie.

Le voilà, c'est lui ! Radieux et majestueux, il convie d'un geste de la main son peuple à esquisser les pas de la danse-qui-célèbre-les-années. Alors tous, grands et petits, s'élancent au rythme des tambours. Hommes, femmes et enfants, en file indienne autour du feu, tapent des pieds en cadence : un pas en avant, deux sur le côté, un pas en avant, deux sur le côté opposé. Les tambours battent de plus en plus fort, les chants des guerriers farouches s'élèvent dans le soir.

Tout à coup, le silence ! Tonnerre-dans-la-montagne, le grand sorcier, s'apprête à parler.

« Nous sommes rassemblés, ce soir, pour célébrer les 7 printemps du fils de Longue Tresse et de Loup Gris ! Il revient de la grande épreuve ! Accueillons-le comme un brave et écoutons-le ! »

À l'orée du village, le garçon sent son cœur battre à tout rompre. On vient de l'appeler, il peut enfin revenir chez lui. Comme tous les papooses de 7 printemps, il a dû surmonter le rituel de la solitude : une nuit et un jour loin de son tipi familial. Une preuve pour les siens qu'il n'est plus un bébé et qu'il sait mettre en pratique les leçons de ses parents.

Sous les clameurs, le jeune Indien victorieux s'avance au cœur du village vers le totem de l'aigle royal. Là, de nouveau le silence se fait. Un regard de fierté vers ses parents puis c'est à lui seul de parler.

« Moi, fils de Longue Tresse et de Loup Gris,
j'ai réussi le grand défi.
Mais je vous apporte en plus les plumes
de l'aigle royal, notre oiseau sacré ! »

Les visages sont stupéfaits. Comment a-t-il fait ?
« Alors que la dernière lune éclairait le ciel de notre village, mon père, Loup Gris, me donna ses derniers conseils. Il glissa dans ma main son couteau cranté pour assurer ma sécurité et enfila autour de mon cou un collier de cailloux pour armer ma fronde. Ma mère, Longue Tresse, me revêtit d'un poncho très chaud pour me protéger du froid de la nuit.

Après les avoir embrassés, je me suis enfoncé dans la forêt, en direction de la vallée où nous avions déjà repéré, avec mon père, le vol de l'aigle sacré.
Comme il me l'avait appris, j'ai pris la direction du nord, repérant sur le tronc des arbres les lichens et la mousse verte.

Pour me donner du courage,

je répondis aux cris de l'effraie et du hibou, j'imitai les hurlements des loups. Sur la terre fraîchement retournée, j'ai découvert le passage d'un sanglier et de sa laie. Plus loin, un cerf dérangé par ma présence m'a ouvert un chemin tout tracé vers la clairière. La forêt m'était devenue tout à coup familière, cependant je devais continuer mon chemin, cette fois-ci à découvert.

Aussi vite que je le pus, j'ai dévalé la pente, grisé par un très fort sentiment de puissance et de liberté. J'en étais sûr. Je pouvais y arriver. Il me suffisait de faire comme vous, valeureux guerriers ! Il me fallait prendre au piège notre oiseau sacré ! En bas, dans la vallée, sous le clair de lune, j'ai creusé un grand trou.

Au petit matin, enfin, je me suis mis en quête de gibier. Un lièvre pointa ses oreilles près de son gîte. Je l'ai visé avec ma fronde et l'ai tué ! Alors, je me suis caché dans la fosse. Je l'ai recouverte de mon poncho, puis de mousses et de brindilles, et j'ai posé le lièvre dessus.

Puis j'ai attendu, attendu...

Jamais je n'avais eu aussi peur.

Le couguar ou l'ours brun affamés pouvaient passer par là, se saisir du lièvre et tomber sur moi, dans le piège... Sans doute m'auraient-ils dévoré. Mais les esprits du village me protégeaient. À l'affût sous mon vêtement, j'ouvrais grands mes yeux remplis de sommeil et, enfin, j'ai aperçu l'aigle royal. Il tournoyait lentement dans le ciel. Puis, il a entamé sa descente et s'est approché au-dessus de moi. Soudain, il s'est posé près du lièvre. C'est à ce moment que je l'ai saisi par la queue. Il s'est envolé, furieux, tenant dans ses serres mon lièvre, mais moi, j'avais réussi !

Je tenais dans ma main les plumes que voici ! »

Sous les acclamations, le fils de **Longue Tresse** et de **Loup Gris** tend son trésor au sorcier.
« Fils de Longue Tresse et de Loup Gris, désormais tu t'appelleras **Aigle Saisissant !**
Seuls les braves ayant réussi un exploit ont le droit de porter dans leurs cheveux les plumes sacrées et toi, tu l'as mérité ! »

Sous les hurlements de joie, **Tonnerre-dans-la-montagne** fixe sur la tête du jeune Indien sa première plume de feu qu'il arbore fièrement.

Alors, tous ses amis admiratifs déposent à ses pieds les cadeaux de l'amitié : des mocassins brodés, un carquois, un cerceau de bois, des osselets gravés...

Sans oublier le plus beau des présents, une ceinture frangée, offerte par son amie, la jolie Natte Fleurie.

Aigle Saisissant, épuisé, affamé, comblé, rejoint ses parents pour une fête sous le ciel étoilé.

Loup Gris et Longue Tresse ont eux aussi un cadeau.

« Aigle Saisissant ! Quel nom splendide pour le fils d'un chef ! Tu nous combles d'honneur ! »

D'un signe entendu, Longue Tresse est allée chercher un arc, tout neuf. Le premier, celui dont on ne peut se servir qu'après avoir enduré l'épreuve des 7 printemps,

celui qui révèle l'âge de raison.

Demain, Loup Gris montrera à Aigle Saisissant comment tirer ses premières flèches.
Mais ce soir, au son des tambours, le village indien chante et danse, jusqu'au lever du jour.
Aigle Saisissant fête ses 7 printemps.

Il est grand, maintenant !

Joyeux anniversaire !

Le livre aux trésors

Chaque année, au moment de son anniversaire, Gaétan est ennuyé, à cause de Mamie. Comme tout le monde, bien sûr, il a hâte de faire la fête. Comme tout le monde, il adore souffler les bougies et recevoir des cadeaux. Sauf que, pour Gaétan, chaque année, il y a un problème avec Mamie. Ce n'est pas qu'il ne l'aime pas. Au contraire, sa Grand-mère est extrêmement gentille, et il adore passer les vacances d'été chez elle et son Grand-père, à la campagne. Mais chaque fois qu'elle vient pour son anniversaire, Mamie lui offre des cadeaux vraiment nuls.

Il faut dire que c'est un peu la faute de Grand-père.
Il est assez malade et a beaucoup de mal à marcher,
alors il reste dans sa maison à la campagne.
Grand-père aime beaucoup sa maison.

C'est déjà là qu'il habitait avec ses parents quand il était petit garçon.

C'est lui qui choisit, dans ses vieux jouets, ceux qu'il veut offrir à Gaétan :

un train électrique qui fait un bruit de casserole pour ses 4 ans,
des soldats de plomb pour ses 5 ans, un casque de soldat tout rouillé
pour ses 6 ans... Gaétan aime bien s'amuser avec tous ces trucs bizarres,
dans le grenier de ses grands-parents, quand il va chez eux.
Mais dans sa chambre, il les trouve vraiment moches. En fait, chaque année,
il est obligé de faire croire qu'il est content. Et maintenant qu'il va avoir 7 ans,
Gaétan se dit que ce n'est pas juste, parce que le jour de son anniversaire
devrait être vraiment un jour de fête.

Ce soir-là, les choses commencent très bien. Papa et Maman lui ont offert toute une panoplie de détective : une loupe très puissante, une perruque et des lunettes pour ne pas être reconnu, des menottes, une lampe de poche, un pistolet en plastique parfaitement ressemblant, et même un carnet pour noter le nom des suspects. Maman dit :
« Maintenant que tu sais écrire, tu vas pouvoir t'en servir. » Sur la table, il reste le cadeau de Mamie et Grand-père. C'est un objet rectangulaire, d'assez petite taille. Gaétan se demande ce que ce sera cette fois-ci. Il défait le paquet, et il se retrouve devant... un livre gris, pas très beau.

Il l'ouvre. Sur la première page, il est écrit : Des aventures de pirates. Gaétan le feuillette à toute vitesse, et il dit : « Mais... Mais... Il n'y a pas d'images. » Sur toutes les pages, il y a des lignes et des lignes, toutes petites et toutes noires.
Mamie le regarde et dit : « Maintenant que tu sais lire, je pense que ce livre va être très utile. C'était le préféré de ton Grand-père, et il a dit qu'il fallait te l'offrir, maintenant que tu as l'âge de raison. »
Gaétan se dit tout bas : « Tu parles d'un cadeau. Comment Grand-père peut-il me faire ce coup-là ? » Mais comme Mamie lui fait un grand sourire, Gaétan sourit aussi. Même s'il a une grosse boule dans la gorge.

La nuit, dans son lit, Gaétan joue avec sa lampe de poche. Elle fait un rayon très fin, qui projette un rond jaune sur le mur, sur son lit, et même sur le plafond. Il y a un petit bouton sur le côté, pour la faire clignoter. Ça, c'est un vrai cadeau, pas comme le petit livre gris. Gaétan prend le livre et le secoue dans tous les sens :

« Qu'est-ce que je vais faire de ce truc-là ? Je ne le lirai pas avant mes 10 ans au moins. »

Mais à cet instant, une feuille pliée en huit glisse du livre et tombe sur son lit.
Gaétan sent son cœur se mettre à battre. Il déplie le papier.
Dessus, quelqu'un a écrit en grosses lettres, avec une encre bleue.

Il lit, lentement : **« Tu devrais regarder le fusil des soldats. »**
Sans un bruit, Gaétan descend de son lit et prend son tabouret pour atteindre le haut du placard, là où il a rangé la boîte des soldats de plomb.
Il les prend et les regarde un par un, sa lampe dans une main, et la grosse loupe à quelques centimètres de son œil.
Au troisième soldat, il remarque, juste sous le fusil, un truc bizarre.
Il commence à tourner l'arme, et il s'aperçoit qu'elle pivote.
Gaétan voit qu'une cachette se dévisse, lentement, lentement.
Dedans, il y a une feuille de papier.
Avec la même encre bleue, quelqu'un a écrit :

« Va voir au fond du casque. »

Cette fois, c'est sûr, Gaétan est sur la piste d'un trésor. Il continue de marcher dans sa chambre sur la pointe des pieds, en essayant de ne rien cogner dans le noir. Il trouve, au fond de l'armoire, le casque qu'il ne met jamais. Il le tourne et le retourne. Sur un côté, il remarque qu'il y a comme un petit trou.

Il glisse les doigts, puis la main, et il trouve... encore une feuille de papier. Dessus, de la même écriture, quelqu'un a inscrit :

« Le trésor est dans le train. »

Cette fois, Gaétan ne fait même plus attention au bruit. Il se précipite, tire son coffre à jouets, et tout au fond il récupère les deux wagons et la vieille locomotive. Il les éclaire, les scrute à la loupe, les secoue. Avec un petit tournevis, il ouvre le premier wagon. Dedans, il y a deux énormes pièces, en or, on dirait. Vite, vite, il ouvre le deuxième wagon. Quand le fond cède, tout d'un coup, une dizaine de billes tombent par terre. Des très belles, les calots œil-de-bœuf, ceux qui valent vingt-cinq billes dans la cour de récré. Il n'en avait qu'un, ils sont très rares...
Gaétan a les mains qui tremblent et il sent que ses joues sont rouges, tellement elles brûlent. Que va-t-il trouver dans la locomotive ?
Il approche le tournevis, fait lentement tourner la petite vis.

La plaque en fer s'ouvre et... un minuscule rouleau de papier jaune, entouré d'un fil, tombe sous le lit.

À quatre pattes, Gaétan se met à chercher, retrouve le petit rouleau.

Dessus, il est écrit à l'encre bleue : « Mon petit-fils, bravo, tu as trouvé le premier trésor. Tu es un bon détective. Mais tu devrais commencer le livre de pirates. Quand j'étais enfant, comme toi, j'ai lu chaque histoire de trésors et, à partir de ces aventures, j'ai inventé des cachettes dans toute la maison, dans le grenier et dans mon jardin, chez nous.
Il y a des secrets partout. Ta Grand-mère et moi, on t'aidera... un peu. Mais je crois bien que tu en as pour des années de recherches, à venir nous voir chaque été. C'est mon cadeau, bon anniversaire. Ton Grand-père. »

Le lendemain, dans la cuisine, Gaëtan attend, en buvant son chocolat, que Mamie se réveille. Dans sa poche, il y a les deux pièces en or qu'il va montrer à ses copains, et trois gros calots bleus. Les autres, il les a rangés dans la cachette secrète du train. Il a remis en place le fusil du soldat.
Tout est apparemment normal.
Dans son cartable, il y a aussi le petit livre gris aux trésors, bourré de mystères. Quand Mamie apparaît enfin, en robe de chambre, elle lui sourit depuis la porte et demande : « Tu as bien dormi, Gaëtan ? » Il secoue la tête pour dire oui. Il dit : « Je pense que je vais passer de bonnes vacances chez vous, cet été. » Elle cligne de l'œil : « Tiens, tiens, je connais un jeune homme qui a lu en cachette hier soir. »
Ils éclatent de rire tous les deux. Maman et Papa les regardent, sans comprendre.

Le chiffre sept

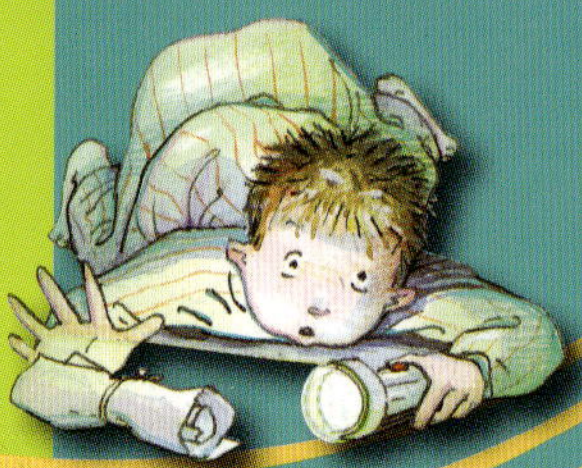

C'est super,
Ce matin,
J'ai plein d'idées dans ma tête.
Plein d'idées,
Dans ma tête,
Pour fêter le chiffre sept.

Je suis content d'avoir sept ans,
C'est tell'ment bien de d'venir grand,
Hier soir quand je me suis couché,
J'ai rêvé de cette journée.

Pour que la fête soit réussie,
Pour mes copains, pour mes amis,
Tout seul j'ai tout organisé.
Je veux qu'ils soient tous étonnés.

J'ai prévu des tours de magie,
Un grand gâteau couvert de fruits,
J'ai fait le menu du goûter
Sur des cartons bien coloriés.